Mein Traumtagebuch
FÜR KLARTRÄUME, WUNSCHTRÄUME & ALBTRÄUME

Letizia Laford

Bibliografische Information der Deutschen Nationalbibliothek:
Die Deutsche Nationalbibliothek verzeichnet diese Publikation in der Deutschen Nationalbibliografie; detaillierte bibliografische Daten sind im Internet über http://dnb.dnb.de abrufbar.

1. Auflage 2018

© 2018 Letizia Laford

Coverabbildung: Sergey Kolesov (#106764464) / fotolia

Herstellung und Verlag: BoD – Books on Demand, Norderstedt
ISBN: 978-3-743-16148-1
Alle Rechte, auch des auszugsweisen Nachdrucks, vorbehalten.

Traumtagebuch von

_____

_____

Was ich träumen möchte:　　　　　　　　Geträumt am:

Was ich träumen möchte:　　　　　　　　Geträumt am:

Meine Träume

Nacht zwischen _____ und _____

Ich habe geträumt von:

_____
_____
_____
_____
_____
_____
_____
_____
_____
_____
_____

Es war ein
☐ Klartraum ☐ Wunschtraum ☐ Albtraum ☐ _____

Er umfasste einen Zeitraum von
_____ ☐ Minuten ☐ Stunden ☐ Monaten ☐ Jahren

Er spielte in der
☐ Vergangenheit ☐ Gegenwart ☐ Zukunft

Es gab schon einmal einen ähnlichen Traum:

_____

_____

_____

Ich fühle mich

- ☐ glücklich
- ☐ traurig
- ☐ enttäuscht
- ☐ wütend
- ☐ ängstlich
- ☐ beruhigt
- ☐ verunruhigt
- ☐ sicher
- ☐ unsicher
- ☐ verliebt
- ☐ erregt

- ☐ schwach
- ☐ stark
- ☐ mutig
- ☐ selbstsicher
- ☐ verunsichert
- ☐ gleichgültig
- ☐ gelangweilt
- ☐ voller Energie
- ☐ leicht
- ☐ klein
- ☐ geborgen

- ☐ _____
- ☐ _____
- ☐ _____
- ☐ _____
- ☐ _____
- ☐ _____
- ☐ _____
- ☐ _____
- ☐ _____
- ☐ _____
- ☐ _____

Welche Personen in meinem Traum vorkamen:

_____

_____

_____

_____

Die Personen sind

☐ frei erfunden ☐ verändert ☐ für den Traum wichtig
☐ Verwandte ☐ Freunde ☐ Bekannte ☐ Fremde

Besonderheiten der Personen:

_____

_____

_____

Welche Orte in meinem Traum vorkamen:

_____

_____

_____

_____

Die Orte sind
- ☐ frei erfunden ☐ verändert ☐ für den Traum wichtig
- ☐ Lieblingsorte ☐ Schreckensorte ☐ mir bekannt

Besonderheiten der Orte:

_____

_____

_____

Welche Symbole/Gegenstände in meinem Traum vorkamen:

___

Wofür sie stehen:

___

Wie ich meinen Traum deute:

Nacht zwischen _____ und _____

Ich habe geträumt von:

_____

_____

_____

_____

_____

_____

_____

_____

_____

_____

Es war ein
- [ ] Klartraum
- [ ] Wunschtraum
- [ ] Albtraum
- [ ] _____

Er umfasste einen Zeitraum von
_____ - [ ] Minuten - [ ] Stunden - [ ] Monaten - [ ] Jahren

Er spielte in der
- [ ] Vergangenheit
- [ ] Gegenwart
- [ ] Zukunft

Es gab schon einmal einen ähnlichen Traum:

_____

_____

_____

Ich fühle mich

- [ ] glücklich
- [ ] traurig
- [ ] enttäuscht
- [ ] wütend
- [ ] ängstlich
- [ ] beruhigt
- [ ] verunruhigt
- [ ] sicher
- [ ] unsicher
- [ ] verliebt
- [ ] erregt
- [ ] schwach
- [ ] stark
- [ ] mutig
- [ ] selbstsicher
- [ ] verunsichert
- [ ] gleichgültig
- [ ] gelangweilt
- [ ] voller Energie
- [ ] leicht
- [ ] klein
- [ ] geborgen
- [ ] _____
- [ ] _____
- [ ] _____
- [ ] _____
- [ ] _____
- [ ] _____
- [ ] _____
- [ ] _____
- [ ] _____
- [ ] _____
- [ ] _____

Welche Personen in meinem Traum vorkamen:

_____

_____

_____

Die Personen sind

☐ frei erfunden ☐ verändert ☐ für den Traum wichtig
☐ Verwandte ☐ Freunde ☐ Bekannte ☐ Fremde

Besonderheiten der Personen:

_____

_____

_____

Welche Orte in meinem Traum vorkamen:

_____

_____

_____

_____

Die Orte sind

☐ frei erfunden ☐ verändert ☐ für den Traum wichtig

☐ Lieblingsorte ☐ Schreckensorte ☐ mir bekannt

Besonderheiten der Orte:

_____

_____

_____

Welche Symbole/Gegenstände in meinem Traum vorkamen:

_____
_____
_____
_____
_____

Wofür sie stehen:

_____
_____
_____
_____

Wie ich meinen Traum deute:

Nacht zwischen _____ und _____

Ich habe geträumt von:

_____
_____
_____
_____
_____
_____
_____
_____
_____
_____
_____

Es war ein
☐ Klartraum ☐ Wunschtraum ☐ Albtraum ☐ _____

Er umfasste einen Zeitraum von
_____ ☐ Minuten ☐ Stunden ☐ Monaten ☐ Jahren

Er spielte in der
☐ Vergangenheit ☐ Gegenwart ☐ Zukunft

Es gab schon einmal einen ähnlichen Traum:

_____

_____

_____

Ich fühlte mich

- ☐ glücklich
- ☐ traurig
- ☐ enttäuscht
- ☐ wütend
- ☐ ängstlich
- ☐ beruhigt
- ☐ verunruhigt
- ☐ sicher
- ☐ unsicher
- ☐ verliebt
- ☐ erregt

- ☐ schwach
- ☐ stark
- ☐ mutig
- ☐ selbstsicher
- ☐ verunsichert
- ☐ gleichgültig
- ☐ gelangweilt
- ☐ voller Energie
- ☐ leicht
- ☐ klein
- ☐ geborgen

- ☐ _____
- ☐ _____
- ☐ _____
- ☐ _____
- ☐ _____
- ☐ _____
- ☐ _____
- ☐ _____
- ☐ _____
- ☐ _____
- ☐ _____

Welche Personen in meinem Traum vorkamen:

_____

_____

_____

Die Personen sind
- ☐ frei erfunden ☐ verändert ☐ für den Traum wichtig
- ☐ Verwandte ☐ Freunde ☐ Bekannte ☐ Fremde

Besonderheiten der Personen:

_____

_____

_____

Welche Orte in meinem Traum vorkamen:

___

Die Orte sind

☐ frei erfunden ☐ verändert ☐ für den Traum wichtig
☐ Lieblingsorte ☐ Schreckensorte ☐ mir bekannt

Besonderheiten der Orte:

___

Welche Symbole/Gegenstände in meinem Traum vorkamen:

Wofür sie stehen:

Wie ich meinen Traum deute:

Nacht zwischen _____ und _____

Ich habe geträumt von:

_____
_____
_____
_____
_____
_____
_____
_____
_____
_____

Es war ein
☐ Klartraum ☐ Wunschtraum ☐ Albtraum ☐ _____

Er umfasste einen Zeitraum von
_____ ☐ Minuten ☐ Stunden ☐ Monaten ☐ Jahren

Er spielte in der
☐ Vergangenheit ☐ Gegenwart ☐ Zukunft

Es gab schon einmal einen ähnlichen Traum:

_____

_____

_____

Ich fühlte mich

- [ ] glücklich
- [ ] traurig
- [ ] enttäuscht
- [ ] wütend
- [ ] ängstlich
- [ ] beruhigt
- [ ] verunruhigt
- [ ] sicher
- [ ] unsicher
- [ ] verliebt
- [ ] erregt

- [ ] schwach
- [ ] stark
- [ ] mutig
- [ ] selbstsicher
- [ ] verunsichert
- [ ] gleichgültig
- [ ] gelangweilt
- [ ] voller Energie
- [ ] leicht
- [ ] klein
- [ ] geborgen

- [ ] _____
- [ ] _____
- [ ] _____
- [ ] _____
- [ ] _____
- [ ] _____
- [ ] _____
- [ ] _____
- [ ] _____
- [ ] _____
- [ ] _____

Welche Personen in meinem Traum vorkamen:

_____
_____
_____
_____

Die Personen sind
- [ ] frei erfunden - [ ] verändert - [ ] für den Traum wichtig
- [ ] Verwandte - [ ] Freunde - [ ] Bekannte - [ ] Fremde

Besonderheiten der Personen:

_____
_____
_____

Welche Orte in meinem Traum vorkamen:

_____

_____

_____

_____

Die Orte sind
- ☐ frei erfunden ☐ verändert ☐ für den Traum wichtig
- ☐ Lieblingsorte ☐ Schreckensorte ☐ mir bekannt

Besonderheiten der Orte:

_____

_____

_____

Welche Symbole/Gegenstände in meinem Traum vorkamen:

_____
_____
_____
_____
_____

Wofür sie stehen:

_____
_____
_____
_____

Wie ich meinen Traum deute:

Nacht zwischen _____ und _____

Ich habe geträumt von:

_____
_____
_____
_____
_____
_____
_____
_____
_____
_____

Es war ein
☐ Klartraum ☐ Wunschtraum ☐ Albtraum ☐ _____

Er umfasste einen Zeitraum von
_____ ☐ Minuten ☐ Stunden ☐ Monaten ☐ Jahren

Er spielte in der
☐ Vergangenheit ☐ Gegenwart ☐ Zukunft

Es gab schon einmal einen ähnlichen Traum:

_____

_____

_____

Ich fühlte mich

- ☐ glücklich
- ☐ traurig
- ☐ enttäuscht
- ☐ wütend
- ☐ ängstlich
- ☐ beruhigt
- ☐ verunruhigt
- ☐ sicher
- ☐ unsicher
- ☐ verliebt
- ☐ erregt

- ☐ schwach
- ☐ stark
- ☐ mutig
- ☐ selbstsicher
- ☐ verunsichert
- ☐ gleichgültig
- ☐ gelangweilt
- ☐ voller Energie
- ☐ leicht
- ☐ klein
- ☐ geborgen

- ☐ _____
- ☐ _____
- ☐ _____
- ☐ _____
- ☐ _____
- ☐ _____
- ☐ _____
- ☐ _____
- ☐ _____
- ☐ _____
- ☐ _____

Welche Personen in meinem Traum vorkamen:

_____

_____

_____

Die Personen sind

☐ frei erfunden ☐ verändert ☐ für den Traum wichtig
☐ Verwandte ☐ Freunde ☐ Bekannte ☐ Fremde

Besonderheiten der Personen:

_____

_____

_____

Welche Orte in meinem Traum vorkamen:

_____

_____

_____

_____

Die Orte sind

☐ frei erfunden ☐ verändert ☐ für den Traum wichtig

☐ Lieblingsorte ☐ Schreckensorte ☐ mir bekannt

Besonderheiten der Orte:

_____

_____

_____

Welche Symbole/Gegenstände in meinem Traum vorkamen:

_____
_____
_____
_____
_____
_____

Wofür sie stehen:

_____
_____
_____
_____

Wie ich meinen Traum deute:

Nacht zwischen _____ und _____

Ich habe geträumt von:

_____

_____

_____

_____

_____

_____

_____

_____

_____

_____

Es war ein
☐ Klartraum ☐ Wunschtraum ☐ Albtraum ☐ ____

Er umfasste einen Zeitraum von
_____ ☐ Minuten ☐ Stunden ☐ Monaten ☐ Jahren

Er spielte in der
☐ Vergangenheit ☐ Gegenwart ☐ Zukunft

Es gab schon einmal einen ähnlichen Traum:

_____

_____

_____

Ich fühlte mich

- ☐ glücklich
- ☐ traurig
- ☐ enttäuscht
- ☐ wütend
- ☐ ängstlich
- ☐ beruhigt
- ☐ verunruhigt
- ☐ sicher
- ☐ unsicher
- ☐ verliebt
- ☐ erregt

- ☐ schwach
- ☐ stark
- ☐ mutig
- ☐ selbstsicher
- ☐ verunsichert
- ☐ gleichgültig
- ☐ gelangweilt
- ☐ voller Energie
- ☐ leicht
- ☐ klein
- ☐ geborgen

- ☐ _____
- ☐ _____
- ☐ _____
- ☐ _____
- ☐ _____
- ☐ _____
- ☐ _____
- ☐ _____
- ☐ _____
- ☐ _____
- ☐ _____

Welche Personen in meinem Traum vorkamen:

_____
_____
_____
_____

Die Personen sind

☐ frei erfunden ☐ verändert ☐ für den Traum wichtig
☐ Verwandte ☐ Freunde ☐ Bekannte ☐ Fremde

Besonderheiten der Personen:

_____
_____
_____

Welche Orte in meinem Traum vorkamen:

_____

_____

_____

Die Orte sind

☐ frei erfunden ☐ verändert ☐ für den Traum wichtig
☐ Lieblingsorte ☐ Schreckensorte ☐ mir bekannt

Besonderheiten der Orte:

_____

_____

_____

Welche Symbole/Gegenstände in meinem Traum vorkamen:

___

Wofür sie stehen:

___

Wie ich meinen Traum deute:

Nacht zwischen _____ und _____

Ich habe geträumt von:

_____

_____

_____

_____

_____

_____

_____

_____

_____

_____

Es war ein
- [ ] Klartraum - [ ] Wunschtraum - [ ] Albtraum - [ ] _____

Er umfasste einen Zeitraum von
_____ - [ ] Minuten - [ ] Stunden - [ ] Monaten - [ ] Jahren

Er spielte in der
- [ ] Vergangenheit - [ ] Gegenwart - [ ] Zukunft

Es gab schon einmal einen ähnlichen Traum:

_____

_____

_____

Ich fühlte mich

- ☐ glücklich
- ☐ traurig
- ☐ enttäuscht
- ☐ wütend
- ☐ ängstlich
- ☐ beruhigt
- ☐ verunruhigt
- ☐ sicher
- ☐ unsicher
- ☐ verliebt
- ☐ erregt

- ☐ schwach
- ☐ stark
- ☐ mutig
- ☐ selbstsicher
- ☐ verunsichert
- ☐ gleichgültig
- ☐ gelangweilt
- ☐ voller Energie
- ☐ leicht
- ☐ klein
- ☐ geborgen

- ☐ _____
- ☐ _____
- ☐ _____
- ☐ _____
- ☐ _____
- ☐ _____
- ☐ _____
- ☐ _____
- ☐ _____
- ☐ _____
- ☐ _____

Welche Personen in meinem Traum vorkamen:

_____

_____

_____

Die Personen sind

☐ frei erfunden ☐ verändert ☐ für den Traum wichtig
☐ Verwandte ☐ Freunde ☐ Bekannte ☐ Fremde

Besonderheiten der Personen:

_____

_____

_____

Welche Orte in meinem Traum vorkamen:

_____

_____

_____

_____

Die Orte sind

☐ frei erfunden ☐ verändert ☐ für den Traum wichtig
☐ Lieblingsorte ☐ Schreckensorte ☐ mir bekannt

Besonderheiten der Orte:

_____

_____

_____

Welche Symbole/Gegenstände in meinem Traum vorkamen:

___

Wofür sie stehen:

___

Wie ich meinen Traum deute:

Nacht zwischen ―――――― und ――――――

Ich habe geträumt von:

―――――――――――――――――――――――――――

―――――――――――――――――――――――――――

―――――――――――――――――――――――――――

―――――――――――――――――――――――――――

―――――――――――――――――――――――――――

―――――――――――――――――――――――――――

―――――――――――――――――――――――――――

―――――――――――――――――――――――――――

―――――――――――――――――――――――――――

―――――――――――――――――――――――――――

Es war ein
- ☐ Klartraum ☐ Wunschtraum ☐ Albtraum ☐ _____

Er umfasste einen Zeitraum von
_____ ☐ Minuten ☐ Stunden ☐ Monaten ☐ Jahren

Er spielte in der
☐ Vergangenheit ☐ Gegenwart ☐ Zukunft

Es gab schon einmal einen ähnlichen Traum:

_____

_____

_____

Ich fühlte mich

- ☐ glücklich
- ☐ traurig
- ☐ enttäuscht
- ☐ wütend
- ☐ ängstlich
- ☐ beruhigt
- ☐ verunruhigt
- ☐ sicher
- ☐ unsicher
- ☐ verliebt
- ☐ erregt

- ☐ schwach
- ☐ stark
- ☐ mutig
- ☐ selbstsicher
- ☐ verunsichert
- ☐ gleichgültig
- ☐ gelangweilt
- ☐ voller Energie
- ☐ leicht
- ☐ klein
- ☐ geborgen

- ☐ _____
- ☐ _____
- ☐ _____
- ☐ _____
- ☐ _____
- ☐ _____
- ☐ _____
- ☐ _____
- ☐ _____
- ☐ _____
- ☐ _____

Welche Personen in meinem Traum vorkamen:

_____

_____

_____

_____

Die Personen sind

☐ frei erfunden ☐ verändert ☐ für den Traum wichtig

☐ Verwandte ☐ Freunde ☐ Bekannte ☐ Fremde

Besonderheiten der Personen:

_____

_____

_____

Welche Orte in meinem Traum vorkamen:

_____

_____

_____

_____

Die Orte sind

☐ frei erfunden ☐ verändert ☐ für den Traum wichtig
☐ Lieblingsorte ☐ Schreckensorte ☐ mir bekannt

Besonderheiten der Orte:

_____

_____

_____

Welche Symbole/Gegenstände in meinem Traum vorkamen:

_____
_____
_____
_____
_____

Wofür sie stehen:

_____
_____
_____
_____

Wie ich meinen Traum deute:

Nacht zwischen _____ und _____

Ich habe geträumt von:

Es war ein
☐ Klartraum ☐ Wunschtraum ☐ Albtraum ☐ _____

Er umfasste einen Zeitraum von
_____ ☐ Minuten ☐ Stunden ☐ Monaten ☐ Jahren

Er spielte in der
☐ Vergangenheit ☐ Gegenwart ☐ Zukunft

Es gab schon einmal einen ähnlichen Traum:

_____
_____
_____

Ich fühlte mich

- [ ] glücklich
- [ ] traurig
- [ ] enttäuscht
- [ ] wütend
- [ ] ängstlich
- [ ] beruhigt
- [ ] verunruhigt
- [ ] sicher
- [ ] unsicher
- [ ] verliebt
- [ ] erregt

- [ ] schwach
- [ ] stark
- [ ] mutig
- [ ] selbstsicher
- [ ] verunsichert
- [ ] gleichgültig
- [ ] gelangweilt
- [ ] voller Energie
- [ ] leicht
- [ ] klein
- [ ] geborgen

- [ ] _____
- [ ] _____
- [ ] _____
- [ ] _____
- [ ] _____
- [ ] _____
- [ ] _____
- [ ] _____
- [ ] _____
- [ ] _____
- [ ] _____

Welche Personen in meinem Traum vorkamen:

_____
_____
_____
_____

Die Personen sind
☐ frei erfunden ☐ verändert ☐ für den Traum wichtig
☐ Verwandte ☐ Freunde ☐ Bekannte ☐ Fremde

Besonderheiten der Personen:

_____
_____
_____

Welche Orte in meinem Traum vorkamen:

_____

_____

_____

_____

Die Orte sind

☐ frei erfunden ☐ verändert ☐ für den Traum wichtig
☐ Lieblingsorte ☐ Schreckensorte ☐ mir bekannt

Besonderheiten der Orte:

_____

_____

_____

Welche Symbole/Gegenstände in meinem Traum vorkamen:

___

Wofür sie stehen:

___

Wie ich meinen Traum deute:

Nacht zwischen _____ und _____

Ich habe geträumt von:

Es war ein
☐ Klartraum ☐ Wunschtraum ☐ Albtraum ☐ _____

Er umfasste einen Zeitraum von
_____ ☐ Minuten ☐ Stunden ☐ Monaten ☐ Jahren

Er spielte in der
☐ Vergangenheit ☐ Gegenwart ☐ Zukunft

Es gab schon einmal einen ähnlichen Traum:

_____

_____

_____

Ich fühle mich

- [ ] glücklich
- [ ] traurig
- [ ] enttäuscht
- [ ] wütend
- [ ] ängstlich
- [ ] beruhigt
- [ ] verunruhigt
- [ ] sicher
- [ ] unsicher
- [ ] verliebt
- [ ] erregt

- [ ] schwach
- [ ] stark
- [ ] mutig
- [ ] selbstsicher
- [ ] verunsichert
- [ ] gleichgültig
- [ ] gelangweilt
- [ ] voller Energie
- [ ] leicht
- [ ] klein
- [ ] geborgen

- [ ] _____
- [ ] _____
- [ ] _____
- [ ] _____
- [ ] _____
- [ ] _____
- [ ] _____
- [ ] _____
- [ ] _____
- [ ] _____
- [ ] _____

Welche Personen in meinem Traum vorkamen:

_____

_____

_____

_____

Die Personen sind

☐ frei erfunden ☐ verändert ☐ für den Traum wichtig
☐ Verwandte ☐ Freunde ☐ Bekannte ☐ Fremde

Besonderheiten der Personen:

_____

_____

_____

Welche Orte in meinem Traum vorkamen:

_____

_____

_____

_____

Die Orte sind

☐ frei erfunden ☐ verändert ☐ für den Traum wichtig
☐ Lieblingsorte ☐ Schreckensorte ☐ mir bekannt

Besonderheiten der Orte:

_____

_____

_____

Welche Symbole/Gegenstände in meinem Traum vorkamen:

_____
_____
_____
_____
_____
_____

Wofür sie stehen:

_____
_____
_____
_____

Wie ich meinen Traum deute:

Nacht zwischen _____ und _____

Ich habe geträumt von:

_____

_____

_____

_____

_____

_____

_____

_____

_____

_____

Es war ein
- [ ] Klartraum
- [ ] Wunschtraum
- [ ] Albtraum
- [ ] _____

Er umfasste einen Zeitraum von
_____
- [ ] Minuten
- [ ] Stunden
- [ ] Monaten
- [ ] Jahren

Er spielte in der
- [ ] Vergangenheit
- [ ] Gegenwart
- [ ] Zukunft

Es gab schon einmal einen ähnlichen Traum:

_____

_____

_____

Ich fühle mich

- [ ] glücklich
- [ ] traurig
- [ ] enttäuscht
- [ ] wütend
- [ ] ängstlich
- [ ] beruhigt
- [ ] verunruhigt
- [ ] sicher
- [ ] unsicher
- [ ] verliebt
- [ ] erregt

- [ ] schwach
- [ ] stark
- [ ] mutig
- [ ] selbstsicher
- [ ] verunsichert
- [ ] gleichgültig
- [ ] gelangweilt
- [ ] voller Energie
- [ ] leicht
- [ ] klein
- [ ] geborgen

- [ ] _____
- [ ] _____
- [ ] _____
- [ ] _____
- [ ] _____
- [ ] _____
- [ ] _____
- [ ] _____
- [ ] _____
- [ ] _____
- [ ] _____

Welche Personen in meinem Traum vorkamen:

_____
_____
_____

Die Personen sind
☐ frei erfunden ☐ verändert ☐ für den Traum wichtig
☐ Verwandte ☐ Freunde ☐ Bekannte ☐ Fremde

Besonderheiten der Personen:

_____
_____
_____

Welche Orte in meinem Traum vorkamen:

_____
_____
_____
_____

Die Orte sind

☐ frei erfunden ☐ verändert ☐ für den Traum wichtig
☐ Lieblingsorte ☐ Schreckensorte ☐ mir bekannt

Besonderheiten der Orte:

_____
_____
_____

Welche Symbole/Gegenstände in meinem Traum vorkamen:

___

Wofür sie stehen:

___

Wie ich meinen Traum deute:

Nacht zwischen _____ und _____

Ich habe geträumt von:

_____
_____
_____
_____
_____
_____
_____
_____
_____
_____

Es war ein
☐ Klartraum ☐ Wunschtraum ☐ Albtraum ☐ _____

Er umfasste einen Zeitraum von
_____ ☐ Minuten ☐ Stunden ☐ Monaten ☐ Jahren

Er spielte in der
☐ Vergangenheit ☐ Gegenwart ☐ Zukunft

Es gab schon einmal einen ähnlichen Traum:

_____

_____

_____

Ich fühlte mich

- [ ] glücklich
- [ ] traurig
- [ ] enttäuscht
- [ ] wütend
- [ ] ängstlich
- [ ] beruhigt
- [ ] verunruhigt
- [ ] sicher
- [ ] unsicher
- [ ] verliebt
- [ ] erregt

- [ ] schwach
- [ ] stark
- [ ] mutig
- [ ] selbstsicher
- [ ] verunsichert
- [ ] gleichgültig
- [ ] gelangweilt
- [ ] voller Energie
- [ ] leicht
- [ ] klein
- [ ] geborgen

- [ ] _____
- [ ] _____
- [ ] _____
- [ ] _____
- [ ] _____
- [ ] _____
- [ ] _____
- [ ] _____
- [ ] _____
- [ ] _____
- [ ] _____

Welche Personen in meinem Traum vorkamen:

_____

_____

_____

_____

Die Personen sind

☐ frei erfunden ☐ verändert ☐ für den Traum wichtig

☐ Verwandte ☐ Freunde ☐ Bekannte ☐ Fremde

Besonderheiten der Personen:

_____

_____

_____

Welche Orte in meinem Traum vorkamen:

_____

_____

_____

_____

Die Orte sind

☐ frei erfunden ☐ verändert ☐ für den Traum wichtig
☐ Lieblingsorte ☐ Schreckensorte ☐ mir bekannt

Besonderheiten der Orte:

_____

_____

_____

Welche Symbole/Gegenstände in meinem Traum vorkamen:

_____

_____

_____

_____

_____

Wofür sie stehen:

_____

_____

_____

_____

Wie ich meinen Traum deute:

Weiteres von Letizia Laford

Dieses Kritzelbuch, Ausfüllbuch und Malbuch zum Thema Liebeskummer und Herzschmerz lädt alle Liebeskummergeplagten dazu ein, sich mit ihrem Verliebtsein, ihrem Herzschmerz und der Ursache dieses Übels zu beschäftigen: das männliche Wesen, das ihnen ihr Herz gestohlen hat.

Autor: Letizia Laford
Titel: Liebeskummer - ohne mich!: Das Kritzelbuch, Ausfüllbuch und Malbuch
ISBN: 978-3-746-03560-4
Preis: 12,99 € (D)
Seiten: 112 Seiten

Buchempfehlung

„Das Herz, das meine Seele trank,
spricht meinen Namen nicht."

Patricia Welsh schreibt über gebrochene Herzen, Liebeskummer und bittere Tränen. Denn Liebe kann äußerst schmerzhaft sein. Sie entführt ihre Leser in die Gefühlswelten Liebe, Trauer, Sehnsucht, Verzweiflung und Wut.
Sie enthüllt die Qualen einer Liebe, die nicht erwidert wird. Und gibt denen eine Stimme, deren große Liebe nicht gelebt werden kann.

Autor: Patricia Welsh
Titel: Liebe und andere Schmerzen
ISBN: 978-3-744-88346-7
Preis: 9,95 € (D)
Seiten: 128 Seiten